そら・てんき

監修 くぼ てんき／岩谷 忠幸

高橋書店

「はじめてのずかん」の たのしみかた

| すきな ことに むちゅうに なろう | 「もっと しりたい！」を ふやそう | たくさんの ことばに であおう |

むちゅうに なって ほんを よんで、しゅうちゅうする ちからを たかめよう！

しらない ことを しって、 すきな ことを もっと すきに なろう！

だいすきな くもや てんきに ついての ことばも おぼえよう！

わたしは あおぞらの あおいろが だいすきです。

まいにち かわる くもの かたちも みていて おもしろいです。

この ほんと そらを いっしょにみて たのしんでくれると

うれしいなぁ。

かんしゅう **くぼてんき**

そらを みると いろんな かたちの くもが あるよね。

くもが わかると あめや かみなり、にじが よそうできるよ。

みんなも おてんき キャスターを めざしてみよう！

かんしゅう **いわや ただゆき**

きせつと レアど

きせつは、しょうかいしている てんきが
どの きせつに みやすいかを
あらわしています。
レアどは、ほしの かずが おおいほど
めずらしいです。

しゃしんを よく みてみよう

はくりょくの ある おおきな
しゃしんで たのしめます。
さまざまな てんきの ちがいを
よく みてみましょう。

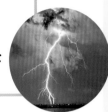

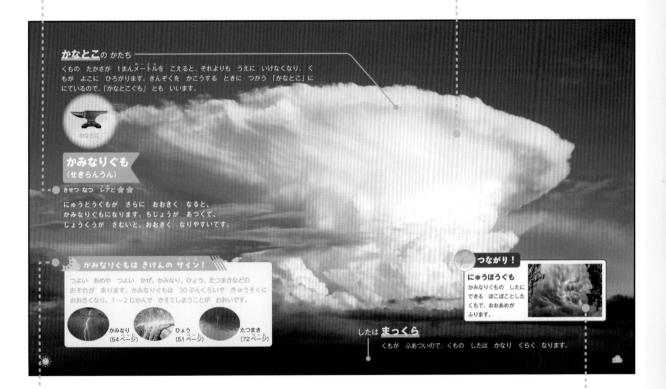

かなとこの かたち

くもの たかさが 1まんメートルを こえると、それよりも うえに いけなくなり、く
もが よこに ひろがります。きんぞくを かこうする ときに つかう「かなとこ」に
にているので、「かなとこぐも」とも いいます。

かなとこ

かみなりぐも
（せきらんうん）

きせつ なつ　レアど ★ ★

にゅうどうぐもが さらに おおきく なると、
かみなりぐもに なります。ちじょうが あつくて、
じょうくうが さむいと、おおきく なりやすいです。

かみなりぐもは きけんの サイン！

つよい あめや つよい かぜ、かみなり、ひょう、たつまきなどの
おそれが あります。かみなりぐもは 30ぷんくらいで きゅうそくに
おおきくなり、1〜2じかんで きえてしまうことが おおいです。

かみなり
（54ページ）

ひょう
（51ページ）

たつまき
（72ページ）

つながり！

にゅうぼうぐも

かみなりぐもの したに
できる ぼこぼことした
くもで、おおあめが
ふります。

したは **まっくら**

くもが ぶあついので、くもの したは かなり くらく なります。

「このあと どうなる?」が わかる！

このページで しょうかいしている
てんきが みられたら、そのあとに
どんな てんきに なることが
おおいのかを しょうかいしています。

つながりを しろう

このページで しょうかいしている
てんきと かんけいして みられる
てんきが、しゃしんつきで
わかります。

いろんな　てんきを　みてみよう!

この　ほんでは、てんきの　ことを　「くも」「あめ」「ゆき・こおり」
「ひかり」「かぜ」に　わけて　しょうかいします。
いろんな　てんきを　みてみましょう。

くも (14ページ)

くうきの　なかの　すいぶんが
ひやされることで、くもが
でき、あめや　ゆきなど、
さまざまな　てんきを
ひきおこします。

あめ (34ページ)

くもの　なかの　みずや
こおりが　とけて
みずになって　おちてくると
あめに　なります。

ゆき・こおり （48ページ）

くもの なかの みずが
こおって おちてくると
ゆきと なります。また、いけや
みずたまりの みずが こおると
こおりに なります。

ひかり （54ページ）

たいようの ひかりによって
できる にじや
でんきが ながれる かみなりなど
さまざまな ひかりが あります。

かぜ （68ページ）

くうきの ながれによって、
かぜが できます。
かぜによって くもが
できたりもします。

てんきを　きめるのは　くも！

そらに　ある　くもの　りょうで　てんきは　きまります。
くもの　りょうは　0〜10の　11 だんかいに　わけられ、0 と 1 は
「かいせい」、2〜8 は　「はれ」、9 と 10 は　「くもり」です。

かいせい

くもの　りょうが　0 か　1 の
てんきは　かいせいです。
くもは　まったく　ないか、
あっても　すこしだけです。
きもちの　いい　あおぞらが
ひろがります。

そらぜんたいが、
あおぞらです。

くもの
りょう

| 0 | 1 | 2 | 3 | 4 |

はれ

くもの　りょうが
2 から　8 のときが
はれです。
2 のときは
ほとんど　くもが　なく、
8 のときは
そらぜんたいに　くもが
ひろがります。

すこし　くもが
ありますが、
きもちの　いい
はれの　てんきです。

くもから さまざまな てんきへ

あめや ゆき、かみなりなど、さまざまな
てんきは、くもが あることで できます。
そのため、くもは、すべての てんきの
もとに なっていると いえます。

くもが そらぜんたいを
おおっているようすです。
あおぞらが まったく
みえません。

くもり

くもの りょうが 9と 10の
てんきが くもりです。そらの
ぜんたいが くもで おおわれて
あおぞらが ほぼ みえないか、
まったく みえなくなります。

| 5 | 6 | 7 | 8 | 9 | 10 |

そらの ほとんどを
くもが おおいますが、
すこしだけ あおぞらが
みえるので はれです。

そらの はんぶん
くらいが くもで
おおわれても
はれです。

もくじ

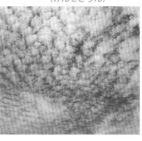

つるしぐも

あめ
34〜45 ページ

ゆうだち

つゆ

44 みずは　めぐる!

のうむ

ゆき・こおり
48 ～ 53 ページ

48 ゆきを　よく
みてみよう!

50 ゆきの　しゅるい

ぼたゆき

こなゆき

51 ゆきに　にたもの

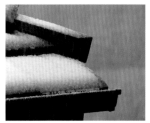
みぞれ

あられ

しも

ひょう

52 かわった　こおり

しもばしら

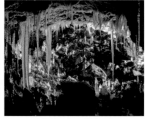
つらら・ひょうじゅん

じゅひょう

おみわたり

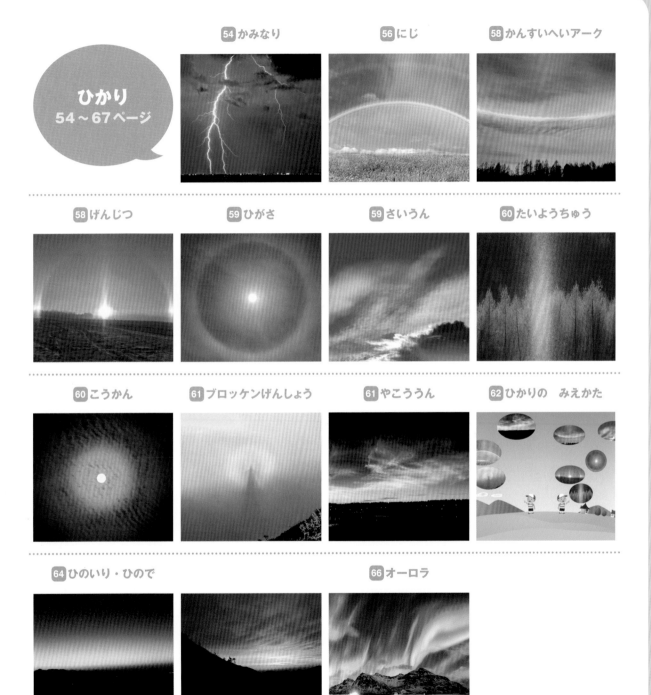

ひのいり

ひので

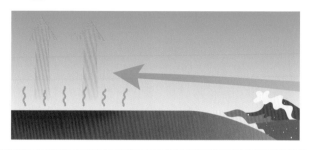

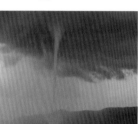

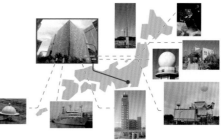
写真	shutterstock、PIXTA
	那覇航空測候所ホームページより（87ページ）
	https://www.jma-net.go.jp/naha-airport/kansoku/draw/draw.html
	気象庁ホームページより（89ページ）
	https://www.data.jma.go.jp/kaiyou/db/buoy/buoy-info.html
カバー・本文デザイン	宇都木スズムシ
	（ムシカゴグラフィクス　こどもの本デザイン室）
イラスト	オノデラコージ
DTP	梶原悠里江・オバタアメンボ
	（ムシカゴグラフィクス　こどもの本デザイン室）
編集協力	吉田雄介・ミアリエ
	（キャデック）
校正	新山耕作

くも

わたぐも（せきうん）

わたのように　もくもくした　くもです。
そらの　ひくいところに　できます。

きせつ　はる　なつ　あき　ふゆ　レアど ⭐

うえに もくもく

なつには　もくもくと　せが　たかく　なります。
ぎゃくに　ふゆなど　さむいひには、ひらべったく　なります。

☀ おおきくなると てんきが くだりざか

とくに　あたたかいひに、わたぐもが　どんどん　おおきくなって
いくと　そのあと　てんきが　くずれやすいです。

おおきくなる　わたぐも

わたぐもは、じかんが　たつと　おおきく　はったつすることが　あります。
さいごは、かみなりぐも（16 ページ）に　なります。

なつの　あついひなどは、わたぐもが
うえに　おおきく　なります。

きおんが　たかいと　どんどん
おおきく　なります。

にゅうどうぐも
（ゆうだいせきうん）

たかさが　5000 メートルを　こえると
ゆうだいせきうんと　よびます。
くもの　したでは　たいようの　ひかりが
とどかず、うすぐらく　なります。

つながり！

ずきんぐも
にゅうどうぐもの
うえに　ずきんの
ように　かぶさって
できる　くもです。

さらに　おおきく
なると……

かなとこ の かたち

くもの　たかさが　1まんメートルを　こえると、それよりも　うえに　いけなくなり、
くもが　よこに　ひろがります。きんぞくを　かこうするときに　つかう　「かなとこ」に
にているので、「かなとこぐも」とも　いいます。

かなとこ

かみなりぐも
（せきらんうん）

きせつ　なつ　　レアど ★★

にゅうどうぐもが　さらに　おおきく　なると、
かみなりぐもに　なります。ちじょうが　あつくて、
じょうくうが　さむいと、おおきく　なりやすいです。

 かみなりぐもは きけんの サイン！

つよい　あめや　つよい　かぜ、かみなり、ひょう、たつまきなどの
おそれが　あります。かみなりぐもは　30ぷんくらいで　きゅうそくに
おおきくなり、1～2じかんで　きえてしまうことが　おおいです。

かみなり
（54ページ）

ひょう
（51ページ）

たつまき
（72ページ）

つながり！

にゅうぼうぐも

かみなりぐもの　したに
できる　ぼこぼことした
くもで、おおあめが
ふります。

したは **まっくら**

くもが　ぶあついので、くもの　したは　かなり　くらく　なります。

すじぐも（けんうん）

まっしろで すじに なっている くもです。
かぜによって さまざまな かたちに なります。

きせつ はる あき レアど ★

いろんな かたちに なる

かぜで かたちが かわります。
うえの しゃしんでは
かぜが つよいので
よこに のび、
かぜが よわいと みぎの
ように まるく なります。

はれの サイン

すじぐもは、てんきの いいひに
よく みられる くもです。
てんきが あんていして、
しばらくは あめの
しんぱいは いりません。

いわしぐも（けんせきうん）

ちいさな くもが たくさん あつまって
いわしの むれのように みえます。

きせつ あき　レアど ★

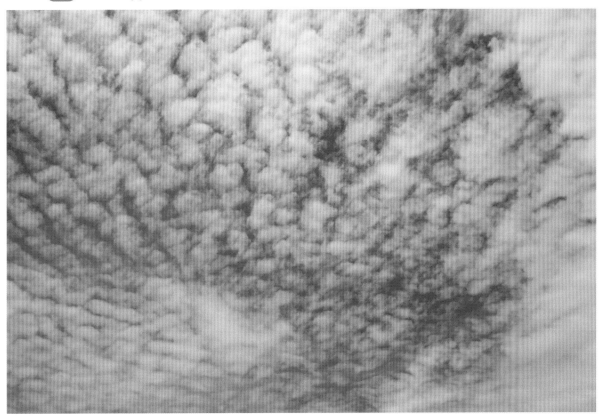

たかいところに できる

1まんメートルくらいの とても
たかい そらに できる くもです。
ひこうきに のると
まよこに みえることが あります。
いわしぐもは 「うろこぐも」とも
よばれます。

？ いわしじゃない いわしぐも？

かぜが つよいと くもが
よこに のび、サバの
せなかの もようのように
なります。こうなると、
「さばぐも」とも
よびます。

ひつじぐも（こうせきうん）

ひつじのような　もこもことした　くもが
たくさん　ならびます。

きせつ **あき**　レあど ★ ★

くもが
おおきく みえる

いわしぐもに　にていますが、
すこし　ひくい
そらに　できるので、
ひとつひとつの　くもが
おおきく　みえます。
したのように
なみのような　かたちに
なることも　あります。

いわしぐもから へんかすると あめ

ひつじぐもは、いわしぐもから
へんかして　できることが
あります。
こういった　ばあいには、
てんきが　くずれることが
おおいですが、おおあめには
なりません。

うすぐも（けんそううん）

そらの　たかいところに　でき、
うっすらと　みえる　うすい　くもです。

きせつ (はる) (あき)　レアど ⭐

こおりの つぶで できている

たいようの　ひかりを
よく　はねかえすので、
しろく　かがやいて　みえます。

☀ 「ひがさ」が でると あめ

たいように　うすぐもが
かかって　できる　わっかの
「ひがさ」（59 ページ）。
これが　みられると、
つぎのひくらいに　あめが
ふることが　あります。

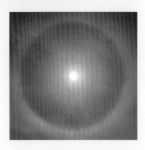

おぼろぐも（こうそううん）

ほとんど もようの ない はいいろの くもで、そらぜんたいに ひろがります。

きせつ はる あき レアど ⭐

すけて みえる

「おぼろ」とは、ぼんやりした ようすを あらわす ことばです。 この くもが できると、 たいようなどが、ぼんやりと かすんだように みえます。

? **よるに できると？**

つきが ぼんやり みえる 「おぼろづき」に なります。

 おぼろぐもは あめを つれてくる

ぶあつく せいちょうすると、あまぐも（23ページ）になり、あめや ゆきが ふります。

あまぐも（らんそううん）

あめが　ながい　じかん　ふりつづける
くもです。

きせつ （はる）（なつ）（あき）（ふゆ）　レあど ⭐

はいいろの くも

かみなりぐも（16ページ）
ほどでは　ありませんが、
ぶあつく　なるので、
くもの　したがわは
はいいろに　みえます。

？ はいいろは　ほんとうの　いろ？

くもが　はいいろに　みえるのは、
たいようの　ひかりが　とおらず
くらく　みえるからです。
ひこうきで　うえから　みると
しろく　みえます。

うねぐも （そうせきうん）

うみの　なみのような　かたちに
なる　くもです。

きせつ あき ふゆ 　レアど ⭐⭐

うんかいに なる

そらの　ひくいところに　できるので、
やまに　のぼると、したに
うみのように　ひろがって　みえます。
これを　うんかいと　いいます。

うんかいが できると はれ

あさ、やまから　うんかいが　みえると、
そのあと　はれることが　おおいです。
たいようが　たかく　のぼると、
きおんも　あがり、うねぐもが
きえることが　おおいからです。

きりぐも（そううん）

きりが じめんや すいめんから はなれると
きりぐもに なります。

きせつ はる なつ あき ふゆ　レアど ★★★

？ とかいでも みられる？

やまと やまの あいだで みられます。
とかいでは あまり みられません。

いちばん ひくい くも

きり（42ページ）が もちあげられて
できます。じめんより 1メートルから
2000メートルの たかさに あり、
いちばん ひくい くもです。

きりさめが ふる

あさはやくにでき、ときどき きりさめ
という こまかい あめを ふらせますが、
きおんが あがると きりぐもは
きえてしまいます。

レンズぐもの なかま

レンズのような かたちの くもで、
いくつかの しゅるいが あります。

レンズぐも

きせつ はる なつ あき　　**レアど** ⭐⭐⭐⭐

つよい かぜが ふくと、レンズを よこから みたような かたちの
くもが できることが あります。これを レンズぐもと いいます。

かさぐも

きせつ はる なつ あき

レアど ⭐⭐⭐⭐

レンズぐもが やまの うえに
できると、かさぐもに なります。
やまの てっぺんは くもに
すっぽりと おおわれ、
みえなくなって しまいます。

　たかい　やまの　よこに　でき、レンズを　なんまいも
かさねたような　かたちを　しています。

きせつ　はる　なつ　あき　レアど　★★★★

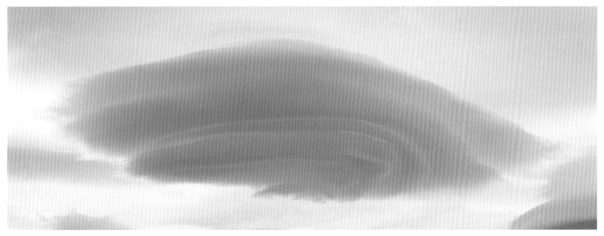

UFOの かたち

あまり　うごかないので、
みぎのように　まるで
UFO みたいに
みえることが　あります。

あらしの まえぶれ

つるしぐもが　みられると、そのあとで
つよい　あめや　かぜに　なることが
おおいです。

? どうやって できる？

たかい　やまに　よこから　かぜが　あたると、
かぜは　なみを　うつように　すすみます。
この　かぜの　なみの　たかいところに　くもが
できるので、あまり　うごかない　くもに　なります。

ケルビン・ヘルムホルツふあんていせいにともなう なみぐも

きせつ あき ふゆ　レアど ★★★★★

ギザギザした　なみのような　ふしぎな　かたちの　くもで、
みじかい　じかんで　きえて　しまいます。

うずに なる

はじめは、したのように、ちいさな　なみですが、
すこしずつ　おおきくなって、
うえのように　てっぺんが　うずを　まきます。

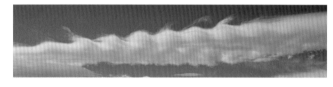

てんきが わるくなる

そらの　くうきの　じょうたいが
おちつかないときに　できるので、
この　くもが　みえると、てんきが
わるくなっていくことが　あります。

あなあきぐも

たかい　そらに　できる　くもに、まるい
あなが　あいて　できます。

きせつ はる あき　レアど ★★★★★

きゅうに こおりに なる

くもの　みずの　つぶが　きゅうに　こおり、
おちることで　くもに　あなが　あきます。

つながり！

いわしぐも（19ページ）
いわしぐもに　よく　あなあきぐもが　できます。

ひこうきぐも

とんでいる　ひこうきの　うしろに　できる
くもで、しぜんには　できません。

きせつ　はる　なつ　あき　ふゆ　　レアど ★★

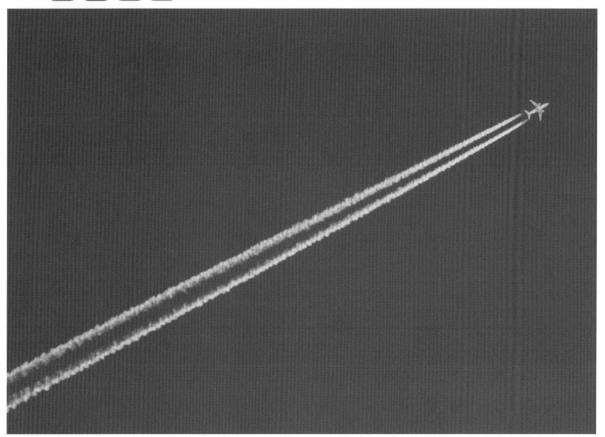

はいきガスや みずで できる

ひこうきの　エンジンから
でる　はいきガスや
みずが　ひこうきぐもに
なります。ひこうきが
まがって　とぶと、
くもも　まがります。

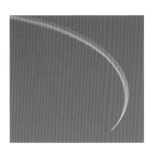

ずっと のこると あめ

ひこうきぐもが　なかなか
きえないときは、
くうきが　しめっているときなので、
あとで、あめが
ふるかもしれません。

くもの たかさ

したから みると よく わかりませんが、じつは くもは
しゅるいによって できる たかさが ちがいます。

うすぐも
→ 21 ページ

かみなりぐも
→ 16 ページ

あまぐも
→ 23ページ

わたぐも
→ 14 ページ

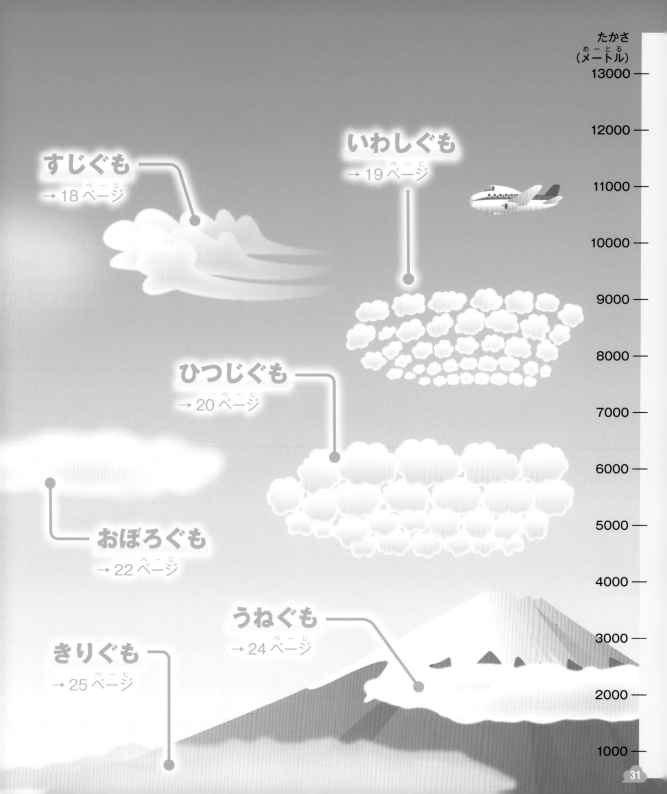

13000 —

12000 —

いわしぐも
→ 19 ページ

すじぐも
→ 18 ページ

11000 —

10000 —

9000 —

8000 —

ひつじぐも
→ 20 ページ

7000 —

6000 —

おぼろぐも
→ 22 ページ

5000 —

4000 —

うねぐも
→ 24 ページ

3000 —

きりぐも
→ 25 ページ

2000 —

1000 —

くもの　できかた

くもは、しめった　くうきが　うえに
もちあがって　ひやされることで
できます。だいひょうてきな
できかたを　みてみましょう。

①たいようの
ひかりが じめんに
あたる

②たいようの
ひかりで じめんが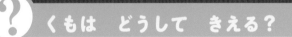
あたためられる

たいようの　ひかりで　じめんが
あたためられると　じめんの
ちかくの　くうきも　いっしょに
あたためられます。

❓ くもは どうして きえる？

くもの　しょうたいは　みずや　こおりなので、
あめや　ゆきとして　じめんに　おちると、
くもは　きえます。また、くもが　できるには、
しめった　くうきが　ひつようなので、
かわいた　くうきが　ながれてくると、
くもは　きえて　しまいます。

④くうきが ひやされて、くもが できる

そらの うえのほうは きおんが ひくいので、うえに あがった
くうきは ひやされます。すると、くうきに ふくまれた すいぶん
（すいじょうき）が こおりや みずの つぶと なります。
これが たくさん あつまったのが、くもです。

③しめった くうきが
うえに あがっていく

あたためられた しめった くうきは
かるく なるので、そらに むかって
あがって いきます。

⚡つながり！

くもの なかの みずの つぶや
こおりの つぶが おちてくると
あめや ゆき、ひょうと なります。

あめ（36、38、40 ページ）

ゆき（48、50 ページ）

ひょう（51 ページ）

あめ

あめなどが ふる しくみ

あめや ゆき、ひょう、あられは、
おなじように くもの なかで できて
ちじょうに おちてきます。

こおりの つぶが できる

したから あがってきた
くうきの なかの すいぶんは、
こおりの つぶと なって
くもの なかで うかびます。

あめが ふる

こおりの つぶが おちてくると
とけて みずの つぶに なります。
これが くっついて おもくなると、
じめんに おちてきて、あめに なります。

ゆきが ふる

きおんが ひくいと、こおりの つぶが
せいちょうして ゆきの けっしょうに
なります。これが とけずに おちてくると
ゆき (48 ページ) に なります。

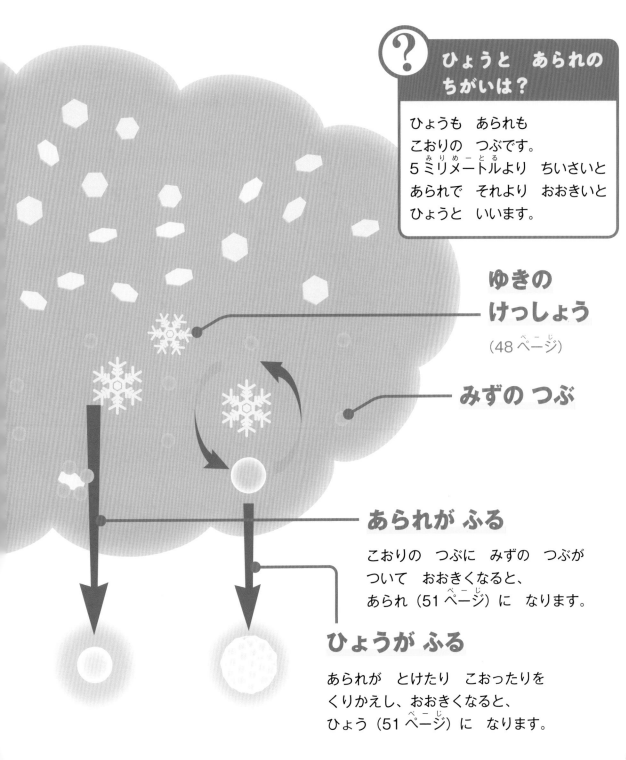

ひょうも あられも
こおりの つぶです。
5ミリメートルより ちいさいと
あられで それより おおきいと
ひょうと いいます。

**ゆきの
けっしょう**

(48 ページ)

みずの つぶ

あられが ふる

こおりの つぶに みずの つぶが
ついて おおきくなると、
あられ（51 ページ）に なります。

ひょうが ふる

あられが とけたり こおったりを
くりかえし、おおきくなると、
ひょう（51 ページ）に なります。

あめを よく みてみよう！

あめは、ひとつぶ ひとつぶが ちいさいうえに、すぐに おちて しまうので、きちんと すがたが みえません。どんな すがたを しているのでしょうか。

あまつぶの おおきさ

みぎの しゃしんのように
あまつぶが よく みえるときと、
したの しゃしんのように
よく みえないときが あります。
これは、あまつぶの おおきさが
ちがうからです。あまつぶが
おおきいと つよい あめになり、
はっきりと みえます。

？ なんで おおきさが ちがう？

くもは、くうきが したから
うえに あがって できます。
このとき、くうきが うえに
あがる いきおいが つよいと、
ふきあげられて かるい
あまつぶは おちて きません。
そのうちに、あまつぶどうしが
くっついて おもくなり、
おちてきます。そのとき
あまつぶが おおきすぎると
こまかく わかれて しまいます。

おおきさによって かたちが かわる

あまつぶは、ちいさいと ボールのように まんまるですが、おおきくなると、くうきの ていこうを うけて まんじゅうのような かたちに なって いきます。

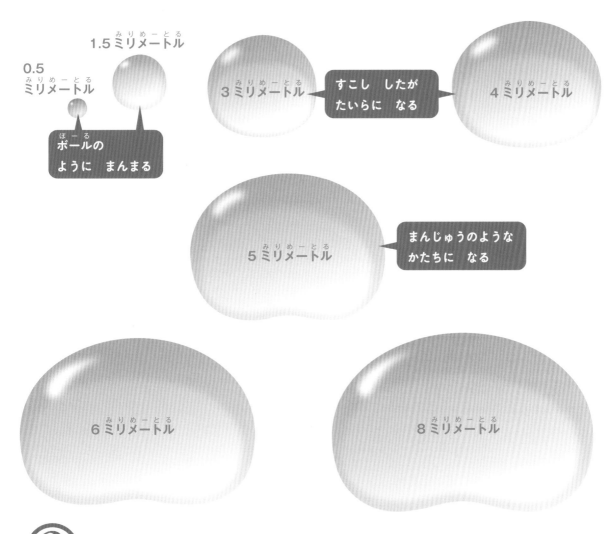

1.5 ミリメートル

0.5 ミリメートル

ボールの ように まんまる

3 ミリメートル

すこし したが たいらに なる

4 ミリメートル

5 ミリメートル

まんじゅうのような かたちに なる

6 ミリメートル

8 ミリメートル

？ あめや ゆきは たべても いいの？

あめや ゆきには ちりや ほこりが ふくまれていて、きれいでは ありません。 なるべく のんだり たべたり しないように しましょう。

あめの ふりかた

あめの つよさの よびかたは、1じかんに どれだけの りょうが ふるかで かわります。あめの りょうは たまった みずの ふかさで はかります。

よわい あめ

1じかんの あめの りょう

3ミリメートルより すくない

やや つよい あめ

1じかんの あめの りょう

10 〜 20 ミリメートル

つよい あめ

1じかんの あめの りょう

20 〜 30 ミリメートル

てんきよほうで つかわれる

あめの つよさ

てんきよほうでは、きしょうちょうが きめた 6しゅるいの ことばで あめの つよさを あらわします。

？ はれているのに あめ？

あまつぶが じめんに おちるまえに くもが いどうしたり、きえたりすると、はれているのに あめが ふります。これを「きつねの よめいり」と いいます。

じめんに あたって はねかえった あめで、くつが ぬれるよ。

ザーザーと ふる あめだよ。かさを さしても ふくが ぬれるよ。

あめと おいかけっこ できる？

くもは いどうするので、あめが ふる ばしょも かわります。
くるまや でんしゃで、くもと おなじ ほうこうに いけば、
あめと おいかけっこできます。また、あめが つよいと みぎの
しゃしんのように、あめの さかいめが みえます。

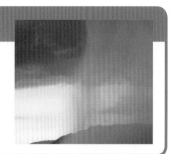

はげしい あめ

1 じかんの あめの りょう

30 〜 50
ミリメートル

ひじょうに はげしい あめ

1 じかんの あめの りょう

50 〜 80 ミリメートル

もうれつな あめ

1 じかんの あめの りょう

80 ミリメートル
より おおい

かさを さしても
びしょぬれに なるよ。
「バケツを ひっくりかえした
ような」ふりかたと
いわれるよ。

かさを さしても ほとんど
やくに たたないほど、
つよい あめだよ。
「たきの ような あめ」と
いわれるよ。

こわさを かんじるほど、
つよい あめだよ。かさを
さしても ぜんしんが
びしょびしょに なるよ。

いろいろな　あめ

ふる　きせつや　つよさによって
あめの　なまえが　かわります。

ゆうだち

きせつ　なつ　　レあど ⭐

なつの　あついひの
ごごから　ゆうがたに
かけて　ふる
つよい　あめです。
きゅうに　ふりはじめ、
1じかんほどの
みじかい　じかんで
あがることが
おおいです。

❓ ゲリラごううって？

ゆうだちと　おなじように
きゅうに　ふる　つよい　あめです。
ゆうだちは、なつの　ごごに
ふるのに　たいして、ゲリラごううは、
いつ　ふるかが　わからず、ひとつの
ばしょで　おおく　ふるので、
ひがいが　でやすいです。

つゆ つゆは、にほんの　6がつから　7がつに　かけての
あめが　たくさん　ふる　きせつの　なまえです。

きせつ **なつ**　レアど ⭐

? なぜ つゆは あめが おおい？

きせつの　かわりめは、あめが
ふりやすい　じきです。
とくに　はるの　くうきから、
なつの　くうきに　かわる　つゆの
じきは、くもが　おおきく
なりやすく、あめが　おおくなります。

☀ せんじょうこうすいたいが できると おおあめ

つゆに　おおい　「せんじょうこうすいたい」
では、かみなりぐも（16ページ）が
つぎつぎと　できて　ながれて　くるので、
つよい　あめが　ふりつづきます。

きり

みずの つぶが ういていると、けしきが しろく
かすんで みえます。これが きりです。

きせつ (はる)(なつ)(あき)(ふゆ)　レアど ⭐⭐

けしきが **みえにくく** なる

きりが できると、くうきの なかに
みずの つぶが たくさん うかぶので、
とおくの けしきが みえにくく
なります。きりが こいときは、
くうきの なかの みずの つぶの
りょうが おおいときです。

あさに きりが でると はれ

あさ、そらに くもが ないと、じめんが
ひやされやすく、きりが でやすく なります。
あさに きりが でるときには、そらに くもが
ないので、はれやすいのです。

 42

のうむ

100メートルさきが みえないような こい きりを のうむと いいます。
こうつうじこが おきやすいので、とくに ちゅういが ひつようです。

きせつ **なつ** レアど ★★★

？ きりと くもの ちがいは？

きりと くもは、できる たかさが
ちがうだけで、おなじものです。
じめんの ちかくで できると きりで、
そらに あると くもと なります。
きりが、じかんが たって うえに あがり、
くもに なることも あります。

つながり！

きりぐも (25ページ)

じめんで できた きりが うえに
もちあがることで できる くもです。

みずは　めぐる！

みずは　にんげんの　せいかつに　かかせないものです。
あめとして　おちてきたあと、どうなるのでしょうか。
じつは　ちきゅうの　みずは
ぐるぐると　めぐっているのです。

くもが　できる

じょうはつした　みずが、
そらたかく　のぼると
くもが　できます。

みずが
じょうはつする

みずは　じょうはつすると
めには　みえなくなります。
これを　すいじょうき　といい
くうきの　なかに
はいりこみます。

うみに　でる

かわを　ながれてきた　みずは、
やがて　うみに　でます。

あめが ふる

くもは やがて あめになって
じめんに おちてきます。
あめは じめんを ながれるものと
じめんに しみこむものとに
わかれます。

あめが しみこむ

じめんに しみこんだ あめは、
ながい じかんを かけて べつの
ばしょから しみだします。

みずが たまる

じめんから ながれたり
しみでたりした みずは、
みずうみや ダムに
あつまります。あめは
せいかつに ひつようですが、
おおすぎると、こうずいなどの
さいがいを ひきおこします。

みずが ながれる

なんぼんもの かわが くっつき、
おおきな かわとなり、じめんの
ひくいほうへと ながれます。

てんきの　じっけんを　しよう①

きりふきで　にじを　つくり、こむぎこで　あまつぶを
つかまえてみましょう。

まるい　にじを　つくろう！

にじは、まるを　はんぶんにした　かたちですが、
まんまるの　にじを　つくることも　できます。

つかう　もの

みずの　はいった
きりふき　2つ

やりかた

たいようを　せにして　りょうてに　きりふきを　もち、
かおの　よこから　みずを　だします。
すると、めのまえに　まるい　にじが　できます。

できるだけ、
かおの　そばから
みずを　だしましょう。

あまつぶを つかまえよう！

こむぎこを つかうと、おちてきた あまつぶを
つかまえることが できます。

つかう もの

フライパン

小麦粉 こむぎこ

ちゃこし

やりかた

フライパンに いれた こむぎこで あめを うけとめると、あめを つかまえられます。

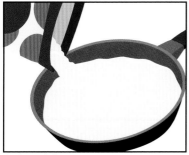

フライパンに たかさ
1センチメートルくらい
こむぎこを いれます。

こむぎこの はいった
フライパンで あまつぶを
10びょうかん うけとめます。

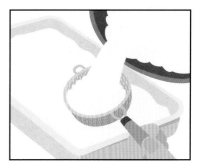

ちゃこしで こむぎこを
こします。

ちゃこしに のこった
こむぎこの かたまりが
あまつぶの おおきさです。
いろいろな つよさの
あめで やってみましょう。

ゆき・こおり

ゆきを よく みてみよう！

ゆきは よくみると ひとつぶ ひとつぶが
とても きれいな かたちを しています。
それぞれの かたちを みてみましょう。

ゆきの **かたち**

くもの　なかに　どれだけ　すいぶんが
あるかや、きおんの　ひくさによって、
ゆきは　ちがった　かたちに　なります。

? どうやったら みられる？

きおんの　ひくい　ゆきの　ひに
ふくに　ついた　ゆきを
みてみましょう。いきが　かかると
あっというまに　とけてしまうので、
ちゅういが　ひつようです。

ゆきの しゅるい

ゆきは、おおきさや しめりかたなどで よびなが かわります。

ぼたゆき きせつ **ふゆ** レアど ⭐⭐

しめった、おおきな ゆきの
ことです。ゆきの つぶ(48 ページ)が、
すうこから すうひゃっこ くっついた
かたまりとして おちてきます。

こなゆき きせつ **ふゆ** レアど ⭐⭐⭐

きおんが ひくいときに ふる こまかい
ゆきです。かぜが つよいと、じめんに
おちた ゆきが とばされて じふぶきと
なります。

みぞれ きせつ **ふゆ** レアど ⭐

あめと ゆきが まじって ふることを
みぞれと いいます。とけてしまうので
あまり じめんに つもることは
ありません。

ゆきに にたもの

こおりで できた ゆきのようなものが そらから ふってくることが あります。

あられ

きせつ はる なつ あき ふゆ　レアど ★★★

くもの なかで できた こおりの
つぶが ふってきます。つぶは
5ミリメートルより ちいさいです。

しも

きせつ あき ふゆ　レアど ★★

くうきの なかの すいぶんが、
しょくぶつなどに くっついて
こおりに なります。

ひょう
きせつ はる なつ あき ふゆ　レアど ★★★★

おおきな こおりの つぶが ふります。
おおきいと、ゴルフボールくらいの おおきさに
なることも あります。

かわった　こおり

ゆきの　けっしょうの　ほかにも　こおりが
つくりだす　さまざまな　げんしょうが　あります。

しもばしら

きせつ ふゆ
レアど ★★

つちの　なかの
みずが　こおって、
はしらのように　うえに
のびたものです。
ふむと　ザクザクと
おとを　たてます。

つらら・ひょうじゅん

きせつ ふゆ　レアど ★★★

すこしずつ　うえから
ながれおちる　みずが
こおって、はしらのように
ぶらさがるのが、つららです。
ひょうじゅんは　その　うえから
ながれおちた　みずが
じめんで　こおり、
つみかさなって　できます。

くうきの　なかの　つめたい　すいてきが　きに　くっついて　こおり、
おおきくなります。

おみわたり

きせつ ふゆ
レアど（れあ）★★★★★

みずうみの　こおりが
なんキロメートル（きろめーとる）も
われて、そこから
したの　みずが
あがってきてこおり、
もりあがって　できます。
ながのけんの　すわこで
みられることが
おおいです。

ひかり

かみなり

きせつ (はる) (なつ) (あき) (ふゆ)　レアど ⭐⭐

くもの　なかで　うまれた　でんきが、
おおきな　おとと　ともに　おもに　じめんに
むかって　おちてきます。

ジグザグ に すすむ

くうきの　うすいところを　すすむので、
ジグザグに　なります。

とおりみちの おんどは **3まん°C**

かみなりが とおったところの くうきは
つよい でんきが ながれるので、
3まん°Cもの たかい おんどに なります。

? どうして おとが おくれて きこえるの?

おとは、1びょうかんに およそ340メートル
すすみます。それに たいして、ひかりは、
1びょうかんに およそ3おくメートルすすみます。
これは ちきゅうを 7しゅうはんするほどの
はやさです。そのため、ピカッと ひかりが
さきに みえ、おとは おくれて きこえるのです。

にじ

きせつ はる なつ あき ふゆ　レアど ★★★

たいようの　ひかりが　あまつぶに　あたって
はねかえると、にじとなって　みえることが
あります。

にじの いろ

よく　にじは　7いろと　いわれますが、
じっさいには　いろの　さかいめが
ありません。くにによっても
かずが　ちがいます。

あさや ゆうがたに よく みられる

あさや　ゆうがたは、たいようの　いちが　ひくいので
ひかりを　よこから　はねかえしやすく、
にじが　できやすいです。

2 ほん
みえることも！

あまつぶが おおきいと、
にじの そとがわに
もういっぽんの にじが
みえることが あります。
この にじは、いろが
ぎゃくの じゅんに
ならびます。

つながり！

ゆうだち（40 ページ）
ゆうだちは、ゆうがたに
ふるので、あがった
あとに にじが
できることが あります。

かんすいへいアーク

たいようの　したで　にじいろの
おびが　よこむきに　のびます。

きせつ　はる　なつ　　レアど ⭐⭐⭐⭐

げんじつ

きせつ　はる　なつ

レアど ⭐⭐⭐⭐

たいようが　ひくい
いちに　あるとき、
よこに　ちいさな
たいようのような
ひかりが　みえます。

ひがさ

きせつ (はる)(なつ)(あき)

レア<ruby>ど<rt>れ あ</rt></ruby>ど ★★

うっすら かかった くもの
むこうに たいようが
あると、たいようの
まわりに わが できます。

つながり！

うすぐも (21 <ruby>ページ<rt>ぺ ー じ</rt></ruby>)

うすぐもが あると ひがさが
できやすいです。

さいうん

きせつ (はる)(なつ)(あき)(ふゆ)

レアど ★★★

たいようの そばの
くもに にじのような
きれいな いろが
つきます。

たいようちゅう

きせつ ふゆ

レアど ★★★★★

たいようの　ひかりが
まっすぐに　のびて
はしらのように　みえます。

キラキラと ひかる
ダイヤモンドダスト

きおんが　ひくいと　くうきちゅうの
すいぶんが　こおって　キラキラと
ひかります。
これは　ダイヤモンドダストと
よばれ、たいようちゅうと
よく　いっしょに　みられます。

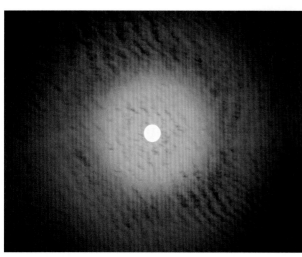

こうかん

きせつ はる あき

レアど ★★★

つきや　たいように
うすい　くもが　かかっているとき、
にじいろの　わっかが　できます。
スギの　かふんが　たくさん
とんでいるときにも　みられます。

ブロッケンげんしょう

きせつ はる なつ あき ふゆ

レアど ★★★★★

きり（42ページ）に できた にじいろの
わの なかに、じぶんの かげが うつります。
たかい やまで みられます。

やこううん

きせつ なつ

レアど ★★★★★

ふつうの くもより
ずっと たかい そらに
できる くもで、
よるに たいようの
ひかりを はねかえして、
あおじろく かがやきます。

ひかりの みえかた

にじなどの ひかりの げんしょうは、たいようと
くもの いちで どうみえるかが きまります。

たいようと
はんたいがわに みえる

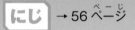
にじ →56 ページ

たいようが うしろに
あって、まえに
あめが ふっていると、
にじが できます。

やこううん →61 ページ

たいようの いちに
かんけいなく、
よるに かがやきます。

ブロッケンげんしょう
→61 ページ

たいようが うしろに
あって、まえに
きりや くもが あると、
みられます。

? **どうやったら にじが
かんたんに みられる？**

にじは あめだけでなく、ふんすいの みずでも
みられます。たいようの ひかりを せにして
ふんすいの みずを みてみましょう。

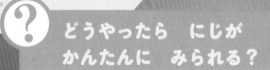

たいようと おなじ ほうこうに みえる

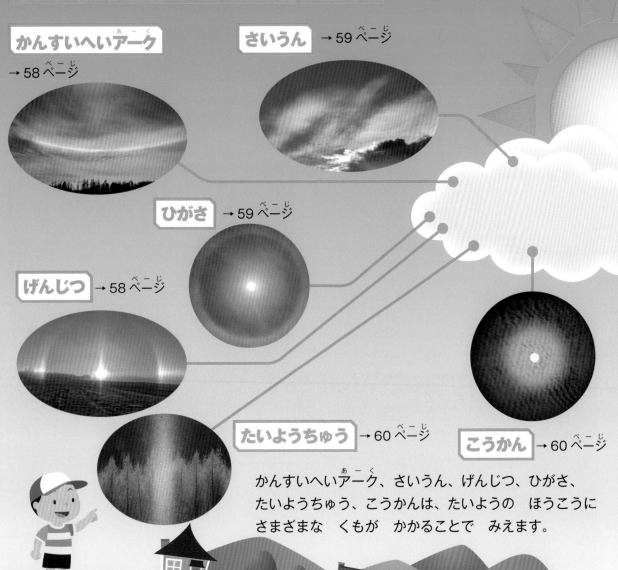

かんすいへいアーク
→ 58 ページ

さいうん → 59 ページ

ひがさ → 59 ページ

げんじつ → 58 ページ

たいようちゅう → 60 ページ

こうかん → 60 ページ

かんすいへいアーク、さいうん、げんじつ、ひがさ、
たいようちゅう、こうかんは、たいようの　ほうこうに
さまざまな　くもが　かかることで　みえます。

ひのいり・ひので

ちきゅうは　まわっていて、いっかいてんすると　いちにちです。そのため
たいようが　のぼったり　しずんだりしてみえます。

| ひのいり | ゆうがた、たいようが　しずむことを　ひのいりと　いいます。たいようが しずんだ　すぐあとには　そらが　きれいな　あおいろに　なります。 |

きせつ はる なつ あき ふゆ　レアど ⭐

 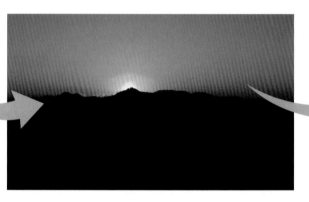

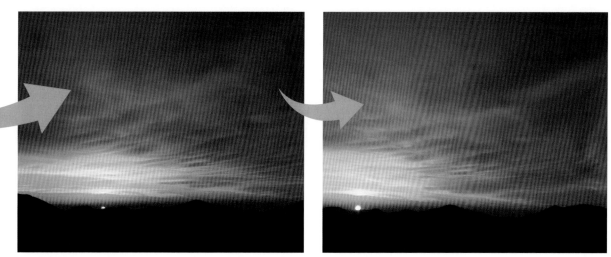

ひので あさ、たいようが でてくることを ひのでと いいます。たいようが でてくる すこし まえには、そらが きれいに あかく そまります。

きせつ はる なつ あき ふゆ レアど ⭐

オーロラ

そらに、ひかりの　なみが　かがやきます。ほっきょくや
なんきょくの　そばで　みられます。

きせつ あき ふゆ　レアど ★★★★★

ちきゅうの かんむり

オーロラは、うちゅうからも　みることが
できます。なんきょくや　ほっきょくの　ちかくで
まるく　ひろがるので、まるで、ちきゅうが
かんむりを　かぶっているように　みえます。

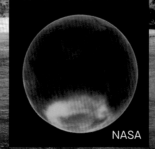

NASA

いろんな いろ に ひかる

オーロラは、みどりや むらさき、あか、きいろなど
さまざまな いろに なります。
いろや かたちが どんどん かわっていくので、
まるで いきているように みえます。

❓ どうして オーロラが できる？

たいようから でる こうおんの エネルギーが ちきゅうに とどき、
くうきに ふれることで ひかります。この ひかりが オーロラです。

かぜ

かぜの　つよさ

てんきよほうでは、かぜの　つよさは
・ややつよい　かぜ　　　　・つよい　かぜ
・ひじょうに　つよい　かぜ　　・もうれつな　かぜ
の４つに　わけられます。てんきよほうで、
ひじょうに　つよい　かぜや　もうれつな　かぜと
きいたら、ちゅういしましょう。

かぜの　　しゅるい

かぜには、①たいふうが　くることで　ふくもの、
②かみなりぐもの　したで　ふくもの、
③じめんが　あたためられると　ふくものが　あります。
このうち、③について　どのように　ふくのかを
しょうかいします。

かぜに　むかって
あるきにくく、かさが
させなく　なります。

つよい かぜ	ひじょうに つよい かぜ	もうれつな かぜ
1 びょうで　15 ～ 20 メートル すすむ　かぜ	1 びょうで　20 ～ 30 メートル すすむ　かぜ	1 びょうで　40 メートルより ながく　すすむ　かぜ

かぜに　むかって
あるけなくなり、
ころぶ　ひとも　います。

なにかに　つかまっていないと
たてません。ものが　とんで
きます。

トラックが　たおれたり、
いえが　こわれたり
します。

① じめんが あたためられる

たいようの　ひかりで、じめんが　あたためられ、
じめんちかくの　くうきも　いっしょに
あたためられます。あたたかい
くうきは　かるくなり、うえに　あがっていきます。

② うみから かぜが ふく

りくちの　くうきが　うえに
あがって　すくなくなるので、
そこに　うみから
じめんより　ひくいおんどの
かぜが　ふきこみます。

たいふう

あたたかい うみで でき、にほんにも やってきます。
おおきいものは にほんを おおうほども あります。

きせつ (なつ)(あき) レアど ★★★

とても つよい
かぜと あめ

たいふうが くると、かぜや あめが
とても つよく なります。かぜで
ものが とばされたり、かわの みずが
あふれる こうずいが おこったりして、
ひがいが でることが あります。

つながり！

かみなりぐも
（16 ページ）

たいふうは、かみなりぐもが
たくさん あつまることで
できます。

たいふうの　できかた

たいふうでは、くもが　うずを　まくので、かぜが　つよく　ふきます。

① かみなりぐもが　できる

あたたかい　うみの　うえで、
にゅうどうぐもが
できます。

② かみなりぐもが　あつまる

まわりにも
にゅうどうぐもが
できて、ぜんたいが
かいてん　しはじめます。

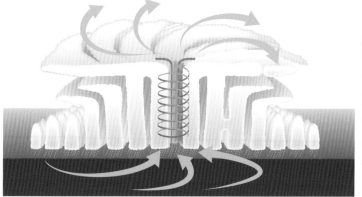

③ たいふうが　できる

ぜんたいの　かいてんの　いきおいが
ますと、たいふうに　なります。
うずの　まんなかでは　したから
くうきが　すいこまれて、うえから
でていきます。

❓ うずは　どっちまき？

ちきゅうは　かいてんしています。
そのため　きたがわと　みなみがわで
うずの　かいてんの　ほうこうは
ぎゃくに　なります。
にほんが　ある　ちきゅうの
きたがわでは、とけいと　はんたいの
むきに　かいてんします。

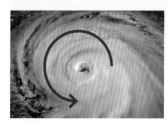

ちきゅうの　きたがわの
たいふう

ちきゅうの　みなみがわの
たいふう

たつまき

きせつ なつ あき レアど ★★★★★

たつまきでは、とても　つよい　かぜが　ふきます。
かみなりぐも（16ページ）の　したに　できやすいです。

じめんまで おりる くも

そらにある　くもが、じめんや
うみの　うえまで　のびます。
みずなどを　ようきに　いれる
ろうとに　にているので、
「ろうとぐも」とも　いわれます。

ろうと

なんでも まきあげる

たつまきは、かぜが　つよく　ふき、
うみの　みずや　すななどを　うえに
まきあげます。いちばん　つよい
ものでは　くるまや　でんしゃが
とばされることも　あります。

おおきな **ひがい**

たつまきが　おこると　いえが
こわされたりする　ひがいが　でます。
たつまきの　おおい　アメリカでは
たつまきから　にげる
シェルターを　もついえも　あります。
にほんでも　1ねんで　やく50かいの
たつまきが　おこっています。

たつまきは、がんじょうな　いえも
こわすほどの　かぜが　ふきます。

つながり！

かみなり（54ページ）

ひょう（51ページ）

たつまきは、とつぜん　おこりますが、たつまきが
おこるまえには、かみなりが　なって　つめたいかぜが　ふき、
ひょうが　ふることも　あります。

ちきゅうを　めぐる　かぜ

ちきゅうは　かいてんしているので、ちきゅうには　いつも　かぜが
ふいています。　にほんの　そばには、どんな　かぜが　ふいているのでしょうか。
また、きせつを　つれてくる　かぜも　みてみましょう。

いつも ふいている
へんせいふう

ぐねぐねと　まがりながら
ちきゅうを　いっしゅうする　かぜです。
にほんの　そらも　とおっています。
にしから　ひがしに　むかって　ふくので、
にほんでは、てんきは　にしから　かわって
いくことが　おおいです。

きた

にし

みなみ

❓ へんせいふうの
えいきょうは？

へんせいふうは　にしから
ひがしに　ふくので、
にしむきに　とぶ　ひこうきは、
ひがしむきに　とぶ　ひこうきより
じかんが　かかります。

ふゆに　ふく
きせつふう

なつに　ふく
きせつふう

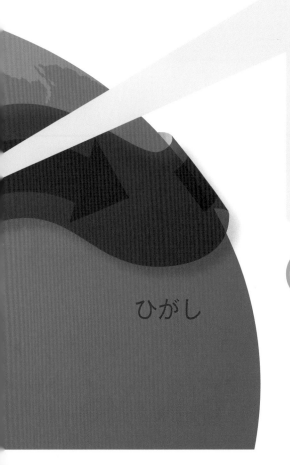

ひがし

きせつを　つれてくる
きせつふう

へんせいふうは、いつでも　おなじむきに
ふく　かぜですが、きせつに　よって
ふく　ほうこうが　かわる　きせつふうも
あります。きせつふうによって、にほんは
むしあつくなったり　さむくなったりします。

❓ きせつふうの　えいきょうは？

なつの　きせつふうは、みなみから　しめった
あたたかい　くうきを　はこぶため、にほんは
むしあつく　なります。ぎゃくに、ふゆの
きせつふうは、きたの　つめたい　くうきを
はこんできて、にほんは　さむく　なります。

ペットボトルを　つかって、ゆうやけや　くもを　つくるのに
ちょうせんしましょう。

ゆうやけを　つくろう！

ペットボトルと　ぎゅうにゅうを　つかって、
ゆうやけを　つくってみましょう。

つかう　もの

1.5 リットルの
ペットボトル

ぎゅうにゅう

かいちゅう
でんとう

やりかた
ぎゅうにゅうで　にごらせた　みずの　なかを　ひかりが　とおると　どうなるでしょうか。

みずいりの　ペットボトルに
すこしずつ　ぎゅうにゅうを
いれ、すこし　にごらせます。

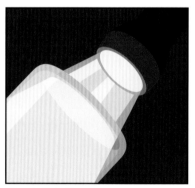

ペットボトルの　そこから
ひかりを　あてます。

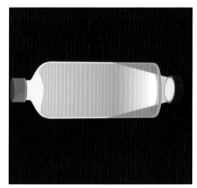

ペットボトルの　キャップの
ほうが　あかく　なります。
にごりの　こさを
かえて　いろいろ
じっけんしてみましょう。

くもを つくろう！ ペットボトルの なかで くもが できたり きえたりします。

つかう もの

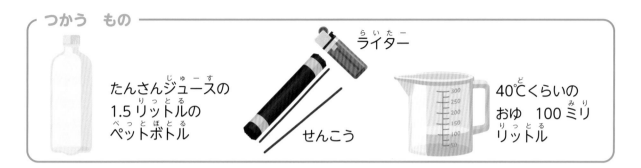

たんさんジュースの 1.5 リットルの ペットボトル

ライター

せんこう

40℃くらいの おゆ 100 ミリ リットル

やりかた ペットボトルに おゆと せんこうの けむりを いれ、ふたを しめてから てで おします。

ペットボトルに おゆを そこから 1センチメートルぐらい いれます。

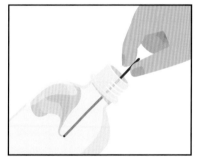

おとなに、せんこうに ひを つけてもらい、ペットボトルに けむりを 10 びょうほど いれます。

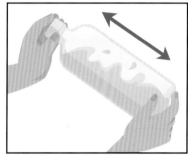

ペットボトルの ふたを しめて、なんかいか ふります。

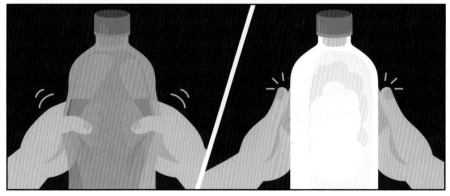

ペットボトルを てで おすと くもが きえ、 てを はなすと くもが できます。

にほんの　きせつ

はる　はれ、くもり、あめと、まいにちのように　てんきが　かわります。
かぜは　おだやかなことが　おおく、くもは　はいいろで
そらぜんたいに　ひろがりやすいです。

はるの てんき

あたたかくて　はれる　ひと　さむくて　あめが　ふる　ひが　こうごに　やってきて、
すこしずつ　きおんが　あがって　いきます。あたたかいひが　ふえると　サクラ(さくら)など
たくさんの　はなが　さき、むしなども　でてきます。

はるの そら

きおんが あがると、
くうきの なかの
すいぶんが ふえるので、
とおくの けしきが
かすんで みえます。

しんきろう

つめたい くうきと
あたたかい くうきが
たてに かさなると、
ひかりが まがって
すすむため、けしきが
のびて みえます。

はるの つき

よるも とおくの けしきが
かすむことが おおいので、
ぼんやりとした 「おぼろづき」に
なることが おおいです。

なつ あたたかい みなみからの かぜが ふいて、きおんが あがります。
もくもくとした くもが ひろがりやすいです。

なつの てんき

6 がつごろには、あめの おおい つゆ (41 ページ) が きて、そのご、きおんが あがって
なつが きます。あおぞらが ひろがりやすいですが、にゅうどうぐも (15 ページ) や
かみなりぐも (16 ページ) が でき、きゅうに あめが ふることも あります。

はると　なつの　あいだに
あめが　ふりつづく
つゆが　きます。

にじ　あさや　ゆうがたに　あめが　ふると
にじが　みえることが　あります。

かみなり

かみなりぐもが　できやすく、
かみなり（54 ページ）が
おちることも　あります。

ゆうだち

ごごから　ゆうがたに　かけて
とつぜん　はげしい　あめが
ふることが　あります。

あき あつい なつが すぎると、きおんが さがって、
くうきの すんだ あきに なります。

あきの てんき

はれの ひと あめの ひが かわりばんこに やってきて、てんきが すうじつごとに
かわる きせつです。9〜10 がつには たいふうが くることも あります。はれると
きもちのいい あおぞらが ひろがり、いわしぐも（19 ページ）も よく みられます。

あきばれ

あきは　くうきが　かんそう
するので、はれると　そらが
きれいに　みえます。

あきの　つき

「ちゅうしゅうの　めいげつ」
という、とても　きれいな
まんまるの　つきが
みられます。

はつかんせつ

たかい　やまの　うえには、
あきの　はじめごろに
ゆきが　つもります。
これを　はつかんせつと
いいます。

つめたい　きたかぜが　ふきます。たいへいようがわは
かんそうしていて　はれることが　おおく、にほんかいがわは
ゆきを　ふらせる　くもが　なんにちも　つづきやすいです。

ふゆの てんき

ゆきの　おおい　ちいきでは、
うえの　しゃしんのように
あたりいちめん　ゆきで
おおわれます。ゆきの　すくない
ちいきでは、はれの　ひが　おおく、
つめたい　かぜが　ふき、
みぎのように　かれはが
とばされます。

くらい　そら

ゆきの　おおい　ちいきでは、ぶあつい
くもが　かかり、そらが　はいいろに
なることが　おおいです。

ダイヤモンドダスト

ほっかいどうなどの　さむい　ちいきでは、
くうきちゅうの　すいぶんが　こおって
キラキラ　ひかる　ダイヤモンドダスト
（60ページ）が　みられます。

ひくい　きおん

ゆきの　すくない　ちいきでも、きおんは
ひくくなるので、いけや　みずたまりの
みずが　こおることが　あります。

てんきに かかわる ひと・もの

きしょうえいせい

うちゅうから ちきゅうを かんそくして、
ちきゅうに データを おくります。

にほんの きしょうえいせい

にほんの てんきよほうには、
ひまわり８ごうと ９ごうの
２きの きしょうえいせいが
つかわれています。
おくられてくる がぞうは
インターネットで だれでも
みることが できます。

気象庁提供

？ どんなことを しているの？

ちきゅうと おなじ
スピードで まわりながら、
ちきゅうの かんそくを
しています。
くもの かたち、
ちきゅうの おんど、
くうきが ふくむ みずの
りょうを かんそく
することで、てんきよほうに
やくだてて います。

きしょうレーダー

ちじょうから てんきを
かんそくします。あめや
ゆきが ふっている ばしょや
どのくらいの つよさで
ふっているかが わかります。

かいてんする アンテナ ─

ボールのような カバーの なかには、
かいてんする アンテナが
はいっていて、まわりの てんきを
かんそくします。

アメダス

あめの りょうや かぜの むき、
かぜの つよさ、きおん、しつどなどを
かんそくします。

1300かしょも ある！

にほんには、アメダスが 1300かしょも あり、
そのうちの 840かしょで ぜんこくの てんきを
くわしく かんそくしています。

ラジオゾンデ

ききゅうに おんどけいなどを つけて とばし、
かんそくを します。

3 まんメートルも あがる！

ラジオゾンデの ききゅうには かるい ガスが
はいっているので、はなされると そらたかくへと
どんどん あがって いきます。さいこうで、
3 まんメートルもの たかさまで あがって、
てんきを かんそくします。

？ いつ とばされる？

にほん ぜんこくの 16 かしょの
きしょうだいから まいにち、
あさと よるの 8 じ 30 ぷんに
ラジオゾンデは とばされて います。

きしょうかんそくせん

うみの うえから そらの ようすや
かいすいについて しらべます。

かいすいを しらべる

かいすいに とけている にさんかたんそなどの りょうを しらべることで、
ながい きかんで かわる ちきゅうの きこうを しらべています。

ひょうりゅうがた
かいようきしょう ブイロボット

うみの うえを ながされながら、
なみの たかさなどを かんそくします。

じどうで データをおくる

ふだんは 3じかんに 1かい、たいふうの
ときなどは、1じかんに 1かい、じどうで
なみの たかさなどの データを おくってくれます。

きしょうを　かんそくする　ばしょ

きおんや　かぜの　つよさなどの
くうきの　じょうたいを　きしょうと　いいます。

きしょうだい　にほんぜんこくに　61 かしょ　あり、
かくちの　きしょうを　かんそくしています。

けいほうを だす

きしょうだいでは、かくちの
てんきを　かんそくします。もし、あめや
かぜなどが　とても　つよく　なりそうだったら
「ちゅういほう」や　「けいほう」を　だし、
ちゅういを　よびかけます。

？ ほかには　なにを　する？

きしょうだいでは　じしんや　かざんも
かんそくしていて、さいがいが　おこった
ときには、くわしい　じょうほうを
はっぴょうします。

こうくう　きしょうだい

くうこうの　なかに　あって、
ひこうきが　あんぜんに　とべる
てんきなのかを　しらべます。

くうこうの てんきを
よほうする

ひこうきが　あんぜんに
とびたったり、ちゃくりくしたり
するために、そらの　ようすを
みはっています。
かぜの　じょうたいなどを
かくにんして、ひこうきと
やりとりする　かんせいかんに
しらべたことを　つたえます。

? どんな　かんそくを
する?

きしょうレーダー (87 ページ)
などの　きかいを　つかった
かんそくで、かぜや　おんど、
しつどなどを　しらべます。
きかいでの　かんそくだけでなく、
めで　みることも
じゅうようです。くもの　ようすや
どこまで　とおくが
みえるかなどは、めで　みて、
かんそくします。

てんきよほうが　できるまで

てんきの　じょうほうは　きしょうちょうに　あつめられて
よほうが　つくられます。

じょうほうが あつまる きしょうちょう

にほん　ぜんこくの　てんきの
じょうほうは、きしょうちょうに
あつめられ、コンピューターで
こまかく　しらべられます。

きしょうちょう

よほうかんが はっぴょうする

コンピューターの　しらべを　もとに、
よほうかんが　てんきを　よそうして、
てんきよほうとして　はっぴょうします。

ひょうりゅうがた　かいようきしょう
ブイロボット

きしょう
かんそくせん

あめだす
アメダス

きしょうえいせい

きしょうレーダー
れ ー だ ー

こうくう
きしょうだい

きしょうだい

ら じ お ぞ ん で
ラジオゾンデ

きしょうよほうしの　しごと

きしょうちょうの　よほうかん（92ページ）とは　べつに、きしょうよほうしという
しごとが　あります。どんなことを　するのか　きしょうよほうしの
くぼてんきさんに　きいてみましょう。

きしょうよほうしって　なにを　するの？

きしょうよほうしは　てんきや　きおんなどを　よそうして
みんなに　つたえる　プロなんだ！
ぼくは、テレビに　でて、てんきよほうを　たくさんの
ひとに　つたえる、おてんきキャスターだよ。
みじかい　ことばで、わかりやすく　つたえるのが
ポイントなんだ。

くぼてんきさん

おてんきキャスターの　いちにちを　みてみよう

おてんきキャスターのひとは、どんな　いちにちを　すごすのでしょうか。
くぼさんの　いちにちを　みてみましょう。

ごぜん 0じ	1じ	2じ	3じ	4じ	5じ	6じ

おきる

よなかの　12じに
おきて、2じに
テレビきょくに
いくんだ。

てんきを
よそうする

さまざまな　データを
つかい、テレビきょくで、
どんな　てんきに　なるか
よそくを　します。

うちあわせ

テレビばんぐみの
せいさくしゃと
うちあわせをし、
ばんぐみで　なにを
つたえるかを
きめるよ。

テレビの がめんを つくる

テレビで せつめいする ための
がぞうを つくります。

テレビに でる

5じ 50ぷんから テレビに
でるよ。ぜんぶで、8かいの
でばんが あるんだ。

どうやって
きしょうよほうしに
なるの？

「きしょうよほうし しけん」を
うけて、ごうかくしなきゃ
いけないんだよ。

あさごはん

あさごはんを
たべるのは
てれびきょくを
でてからです。

きたく

おひるごろには
いえに かえって
きて、ゆっくりと
すごすことが
できます。

ねる

よなかの 12じに
おきるので、よるは
8じには ねてしまいます。

| 7じ | 8じ | 9じ | 10じ | 11じ | ここ 12じ | 2じ | 4じ | 6じ | 8じ | 10じ |

はんせいかい

ほかの しゅつえんしゃと
きょうの ほうそうについて、
いけんを いいあって、
より よい ばんぐみに
していくんだよ。

きしょうよほうしになって
よかったことは？

じぶんの すきな ことが
だれかのやくに たって いると
かんじるときに、なって
よかったって おもうよ。

監修者

くぼてんき

気象予報士、防災士、こども環境管理士、紙芝居師、はまっ子防災プロジェクトアンバサダー。小学校、商業施設、さまざまなイベントなどで「天気」「環境」「防災」をテーマにした講演、ワークショップなどを行う。2016年4月より3年間、tvk（テレビ神奈川）にて気象キャスターを務めたあと、2019年より日本テレビ「ZIP!」に気象キャスターとして出演。

岩谷忠幸　　いわや ただゆき

オフィス気象キャスター株式会社代表。東京都立大学 理学部 地理学科 気候学専攻を卒業後、民間の気象会社にてラジオの気象解説に出演。気象予報士制度がスタートした年から気象キャスターとして、フジテレビや日本テレビで約15年間出演。パリで開催された国際気象フェスティバルにて「アジア賞」受賞。現在は日本テレビで気象デスクを務めるほか、気象キャスターを育成・指導し、全国各地のテレビ局に派遣している。

はじめてのずかん　そら・てんき

監修者　くぼてんき／岩谷忠幸
発行者　高橋秀雄
編集者　丸山瑛野
発行所　**株式会社 高橋書店**
　　　　〒170-6014 東京都豊島区東池袋3-1-1 サンシャイン60 14階
　　　　電話　03-5957-7103
ISBN978-4-471-10411-5　©TAKAHASHI SHOTEN　Printed in Japan

本書の内容についてのご質問は「書名、質問事項（ページ、内容）、お客様のご連絡先」を明記のうえ、郵送、FAX、ホームページお問い合わせフォームから小社へお送りください。
回答にはお時間をいただく場合がございます。また、電話によるお問い合わせ、本書の内容を超えたご質問にはお答えできませんので、ご了承ください。本書に関する正誤等の情報は、小社ホームページもご参照ください。

【内容についての問い合わせ先】
　書　面　〒170-6014 東京都豊島区東池袋3-1-1 サンシャイン60 14階　高橋書店編集部
　ＦＡＸ　03-5957-7079
　メール　小社ホームページお問い合わせフォームから　（https://www.takahashishoten.co.jp/）

【不良品についての問い合わせ先】
　ページの順序間違い・抜けなど物理的欠陥がございましたら、電話03-5957-7076へお問い合わせください。
　ただし、古書店等で購入・入手された商品の交換には一切応じられません。

おまけ

ゆきだるまのかきかた

おだんごを

もうひとつ
かさねて

バケツをかぶせて

にんじんつけて

ボタンでたくさん
かざりつけ

おててをつけたら
ゆきだるま

じぶんでかいてみよう

いろんな
ゆきだるま！

リボン

みかん